HOMMAGE FILIAL
A SON ÉMINENCE LE CARDINAL LABOURÉ
ARCHEVÊQUE DE RENNES, DOL ET S^{T} MALO

TRAITÉ
DE
L'ACCOMPAGNEMENT DU PLAIN-CHANT

· 2me PARTIE ·

CONCERNANT LES NOTES ÉTRANGÈRES AUX ACCORDS

PAR L'ABBÉ
L. LEPAGE

ORGANISTE A L'ÉGLISE MÉTROPOLITAINE
DE RENNES

PRIX net : 6 Francs

BOSSARD-BONNEL
3, Rue Nationale, 3
RENNES

Imp. SAINT-PIERRE
à Solesmes, *Par Sablé*
SARTHE

et chez l'Auteur

1900

PRÉFACE.

En publiant son **Traité de l'accompagnement du Plain-chant**,[1] où l'harmonie suit la mélodie note contre note, l'auteur formulait le projet d'un deuxième ouvrage dans lequel un même accord porterait plusieurs notes du texte mélodique. Ce projet se réalise aujourd'hui et complète la théorie harmonique applicable au chant de l'Eglise.

Dans une mélodie il n'est pas nécessaire de donner à chaque note un accord nouveau. Aucun air tant soit peu mouvementé n'est accompagné dans ces conditions; et la mélodie grégorienne a l'allure assez vive pour admettre tous les artifices de réalisation harmonique que permet sa modalité.

Il suffit donc, pour lui conserver son caractère, de ne pas user d'accidents contraires à son échelle modale et de n'employer les dissonances qu'à l'état *artificiel*, c'est-à-dire étrangères aux accords.

En un mot le but de l'auteur est d'appliquer à l'accompagnement du Plain-chant toutes les ressources harmoniques qui lui paraissent légitimes.

En ajoutant cette deuxième partie à la première, il espère avoir englobé dans son exposé toutes les formules mélodiques grégoriennes, dans quelque édition qu'elles se trouvent.

L. LEPAGE

(1) Chez BOSSARD-BONNEL Editeur, 3, rue Nationale, Rennes. (*Prix net: 6f.*)

AVANT-PROPOS.

Lecture du Plain-chant.[1]

Si l'on exécutait à l'orgue les pièces de plain-chant au diapason où elles sont écrites, les voix seraient impuissantes à parcourir l'étendue de tous les modes, comme il est facile de le vérifier.

Il faut donc les ramener à une échelle moyenne qui en facilite la réalisation vocale, tout en leur conservant la nature et la suite de leurs intervalles. C'est ce qu'on appelle **transposer.**

Jusqu'à présent on avait résolu ce problème en amenant toutes les dominantes à une note fixe sur le clavier: **la**, par exemple, ou **sol**. De là les expressions: *Accompagner à la dominante* **la**, *à la dominante* **sol**.

Ce système, qui a ses avantages, a pour inconvénient de compliquer la lecture en donnant aux notes, suivant les modes, des noms différents.

C'est ce qui nous a déterminé à proposer l'usage d'une seule et même clef, c'est-à-dire **à donner toujours le même nom à une note placée sur la même ligne. Sol** deviendra de la sorte la dominante des 1er, 2me, 4me, 5me et 6me modes; **La**, du 7me; **Si** ♭, des 3me et 8me: et l'étendue des voix, sauf de rares exceptions, sera la suivante:

Il est peu de voix qui ne puissent atteindre aisément ou même dépasser ces deux termes: à plus forte raison dans un chœur, où les timbres divers se prêtent un mutuel secours.

Nous appellerons invariablement **Ut** (ou **Do**) la note qui est placée sur la première ligne, et cela pour les 8 modes du plain-chant. Voici le nom et la place, toujours fixes, des notes sur la portée.

(1) Extrait du traité d'accompagnement (1re Partie)

Dans les 1er, 3me, 4me, 6me et 8me modes, tous les **si** et tous les **mi** deviennent **si** ♭ et **mi** ♭.

Dans le 2me mode, les notes **fa** et **ut** deviennent **fa** ♯ et **ut** ♯.

Enfin dans les 5me et 7me modes le **fa** devient **fa** ♯.

On sait que dans chacun des huit modes intervient souvent un bémol, soit à la clef, soit au courant du morceau. Il importe de remarquer et de retenir quelle note affectera ce bémol dans les divers modes du plain-chant.

Dans les 1er, 3me, 4me, 6me et 8me modes, ce bémol s'ajoute aux deux qui existent déjà et affecte le **la**, qui devient **la** ♭.

Dans le 2me mode, ce bémol survenant détruit l'Ut ♯ et le change en **ut naturel**.

Enfin, dans les 5me et 7me, le fa ♯ se change en **fa naturel**.

REMARQUE I. _ Nos principes de lecture s'appliquent à toutes les éditions. Cependant il y en a quelques unes (celle des Bénédictins de Solesmes, par exemple) dans lesquelles un même mode n'est pas toujours noté à la même échelle. La note finale d'un morceau fera reconnaître cette différence. On sait que **do** est finale des 1er et 5e modes; **ré** des 3me, 4me et 7me; **mi** ♭ du 6me; **mi** du 2me; **fa** du 8me. Nous appellerons invariablement **do** la note placée sur la première ligne. Mais si, en jetant un coup d'œil sur la note finale, cette finale n'est pas celle que nous connaissons pour chaque mode, il en résultera un changement non pas de *lecture*, mais d'*armature* à la clef, en sorte qu'un mode avec ♭ deviendra mode avec ♯, et réciproquement.

Voilà le principe fixe de toutes les modifications qui peuvent se présenter. On voit par là que ces modifications n'imposent aucun nouveau travail réel, mais seulement un peu d'attention qui cessera d'elle-même par l'habitude.

Les 1er et 6me modes sont immobiles à peu près partout. Pour les autres, voici leurs principales variations:

I° Le **2me mode** a quelquefois pour finale **sol mineur**, ce qui donne l'échelle et l'armature suivantes:

Ce cas est très rare.

II° **3me Mode**, avec finale **si mineur**.

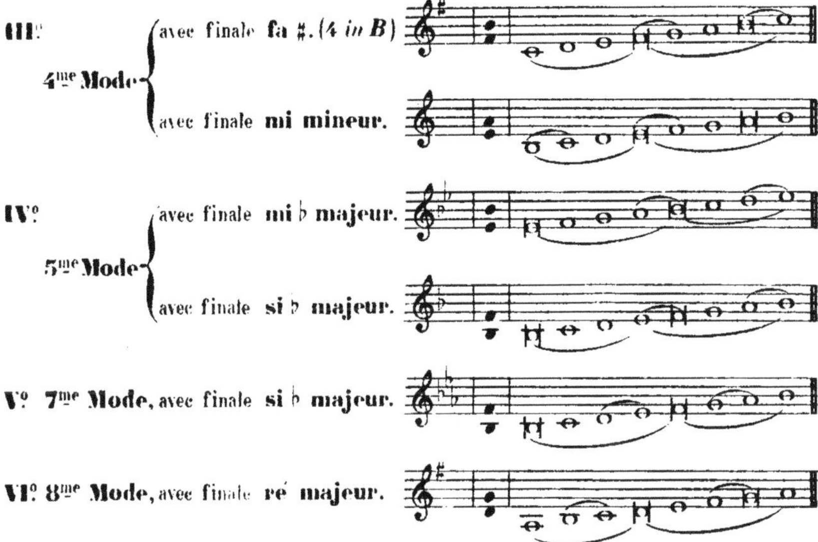

On peut ainsi se forger à soi-même n'importe quelle clef. Supposons, par exemple, que la lecture nous découvre un 1er mode avec **mi** pour finale. L'accord de cette finale sera **mi mineur**, l'accord de la dominante **si mineur**, et nous aurons l'échelle suivante:

Remarquez que toutes ces clefs nous étant déjà familières, nous n'avons à connaître aucun élément nouveau. Tout se déduit des principes exposés: tout se réduit à une substitution d'accidents.

REMARQUE II. — Pour être pratique jusqu'au bout, disons que le **5me mode** descend quelquefois au **sol** grave, et qu'il arrive parfois au **8me mode** de se maintenir dans une région relativement élevée. Dans ces cas dont chacun reste juge, on peut se voir obligé, à défaut d'un clavier transpositeur, de transposer la notation, c'est-à-dire, de ne pas lire **do**, sur la première ligne. Nous proposons alors de hausser le **5me mode**, (s'il est trop bas) et de baisser le **8me** (s'il est trop haut) d'une **tierce mineure.** On lira donc, exceptionnellement, **mi ♭** sur la première ligne pour le **5me** et **la naturel** pour le **8me**. Le **5me mode** deviendra de cette façon un mode avec deux ♭ (comme le **6me**) et le **8me** un mode avec un # (comme le **7me**) Cette transposition est plus simple que toute autre, parce que les notes que l'on a coutume de voir sur les lignes demeurent sur des lignes.

CHAPITRE I

NOTES ÉTRANGÈRES AUX ACCORDS.

1. Toute note que l'on ne peut analyser comme partie constitutive d'un accord est **étrangère** à cet accord, autrement dit note purement **mélodique**.

2. Il y en a de sept espèces, qui sont: 1º, la note de passage; 2º, la broderie; 3º, la suspension; 4º, l'appoggiature; 5º, l'anticipation; 6º, l'échappée; 7º, la pédale.

ARTICLE I

DES NOTES DE PASSAGE.

3. On appelle ainsi toute note qui, **ne faisant pas partie d'un accord**, unit **diatoniquement** (c'est-à-dire par degrés conjoints) deux notes essentielles à cet accord.

Ré est une note de passage.

4. Il n'y a qu'un seul et même accord dans l'exemple précédent. Mais les **notes de passage** unissent pareillement deux notes essentielles d'accords différents.

Mi est note essentielle ou **réelle** de l'accord d'**Ut**: Sol est note essentielle ou **réelle** de l'accord de **Sol**.

5. Une seule note de passage unit diatoniquement 2 notes à intervalle **de tierce**. Il en faut **deux** pour l'intervalle de **quarte**.

6. Au delà de la **quarte** on rencontre toujours une note **réelle** de l'accord.

On ne peut donc faire **diatoniquement** plus de deux notes de passage consécutives.

NOTES DE PASSAGE SIMULTANÉES. _ **7.** Les notes de passage peuvent se pratiquer dans plusieurs parties **en même temps**. Alors elles marchent ou par mouvement semblable, ou par mouvement contraire. Avec le **mouvement semblable** on doit toujours les disposer en **tierces** ou en **sixtes**.

8. On sait que, entre une partie **extrême** et une partie **intermédiaire**, la quinte directe (c'est-à-dire amenée par le mouvement semblable) est permise si l'une des deux parties qui la forment procède par degrés conjoints. Il en est de même pour l'octave directe amenée dans les mêmes conditions. (1er Vol. § 43 et 45.)

Si nous remplissons par des notes de passage l'intervalle formé par la partie disjointe, nous aurons 2 quintes, ou 2 octaves consécutives par mouvement semblable. Ce sont les pires fautes que l'on puisse commettre.

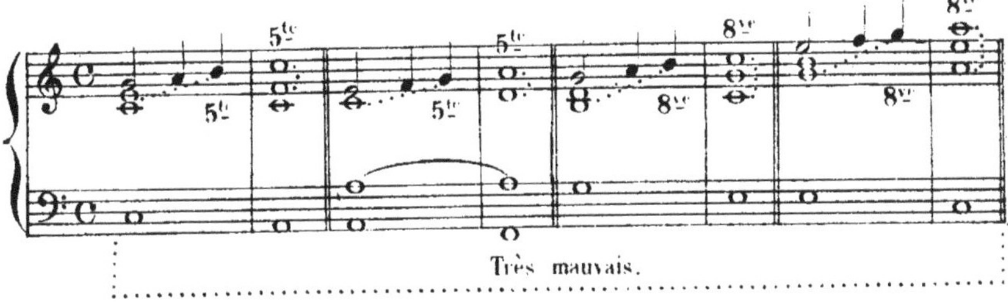

ARTICLE II

DE LA BRODERIE.

9. La Broderie est une note étrangère à l'harmonie, comme la note de passage. Mais, tandis que la note de passage unit **deux notes** réelles en passant de l'une à l'autre, la Broderie retourne à la note réelle qu'elle vient de quitter.

Les notes **la, ré, fa,** sont des Broderies.

10. La Broderie est supérieure ou inférieure, selon qu'elle monte ou qu'elle descend en quittant la note réelle. Elle est supérieure dans les exemples précédents, inférieure dans les suivants.

Les notes **ré, si, sol,** sont des Broderies inférieures.

11. Dans l'exemple suivant, la broderie inférieure produit une dureté.

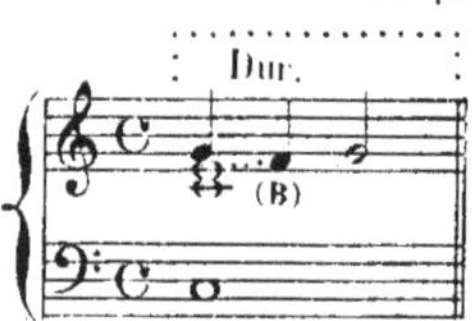

Cela vient de ce qu'elle heurte en **seconde mineure** la **tierce majeure** (MI) note essentielle de l'accord.

Le mouvement rapide de la mélodie autorisera donc seul ce choc de seconde mineure avec la tierce majeure d'un accord. Dans les mouvements modérés il vaut mieux n'user de cet exemple de broderie inférieure qu'en brodant simultanément la tierce majeure elle-même.

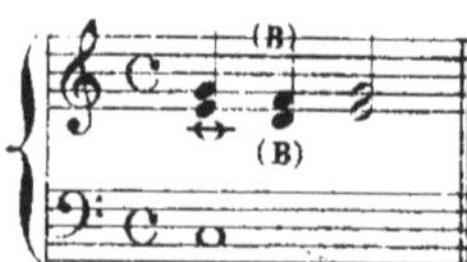

12. La broderie est **simple**, quand elle fait retour immédiat à la note principale. Elle est **double**, lorsqu'elle passe du degré supérieur au degré inférieur *(ou vice versâ)* avant de revenir à la note réelle.

13. Deux notes à l'octave peuvent être l'une brodée, l'autre maintenue en place.

14. La note brodée doit être regardée comme si elle restait fixe, c'est-à-dire à l'état de note réelle. De là deux conséquences précieuses: I._ Un changement d'accord peut coïncider avec le retour de la broderie à la note principale (Ex.1) II._ Ce changement d'accord peut même s'effectuer pendant la durée de la broderie.(Ex. 2)

BRODERIES SIMULTANÉES.—**15.** On peut broder plusieurs notes d'un accord **en même temps**. Alors elles marchent ou par mouvement semblable, ou par mouvement contraire. Avec le **mouvement semblable** on doit toujours les disposer en **tierces ou** en **sixtes**. Trois broderies simultanées se disposent en tierces **et** en sixtes, comme suit:

16. On évitera que la Broderie détermine en revenant à la note réelle, une **octave** ou une **quinte** entre le Chant et la Basse, par le mouvement semblable.

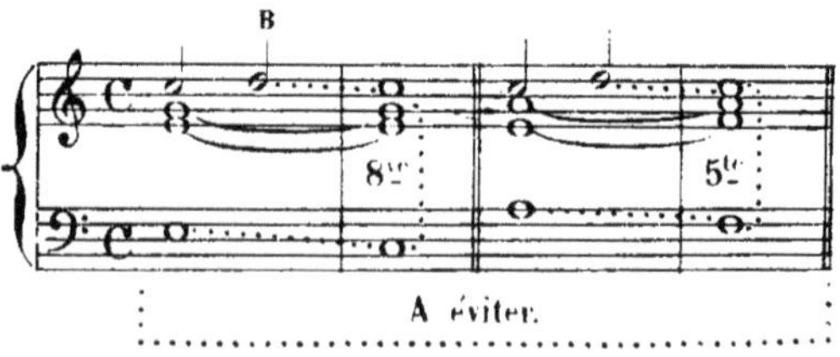

ARTICLE III

DE LA SUSPENSION.

17. La **suspension** est la prolongation d'une des notes réelles d'un accord sur l'accord suivant. Elle a pour effet de retarder l'émission d'une note réelle de ce second accord, sur laquelle elle tend à se résoudre.

On voit que **do**, note réelle du premier accord, reste suspendu à l'état de note artificielle dans le second, où il retarde le **si**, sur lequel il finit par se résoudre. Ici c'est la **tierce** du deuxième accord qui est retardée.

18. Ce retard ne pourrait avoir lieu sur le second accord, si la note qui l'effectue n'avait pas été déjà entendue dans le premier. On appelle cette audition préliminaire **préparation** du retard.

19. La théorie de la suspension comprend donc trois opérations distinctes: 1º, préparation; 2º, retard; 3º, résolution.

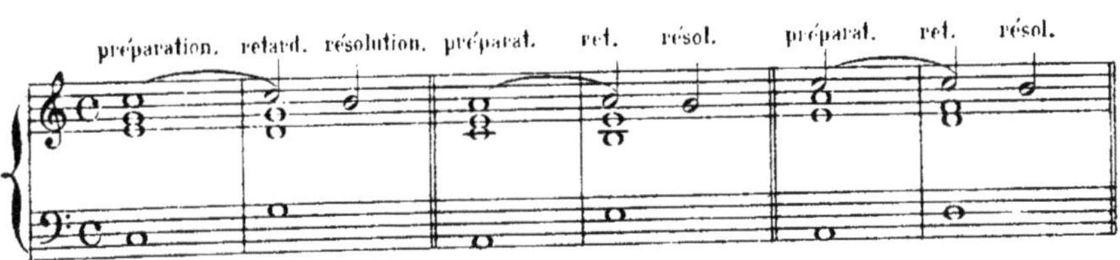

20. La suspension détermine un retard supérieur ou inférieur, suivant que ce retard **descend** ou **monte** pour se résoudre sur la note réelle.

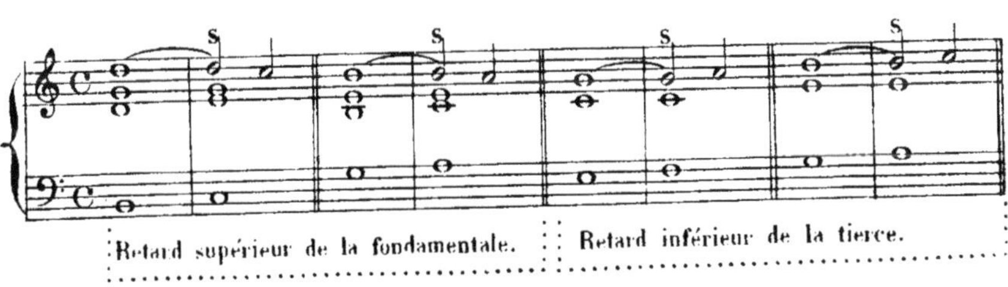

21. Toute suspension opère donc sa résolution sur le **degré conjoint** dont elle a tenu la place en le retardant. Le retard supérieur **descend** d'un degré, le retard inférieur **monte** d'un degré pour se résoudre.

22. Comme pour la Broderie, la note suspendue doit être regardée comme si la note réelle qu'elle représente n'était pas retardée.

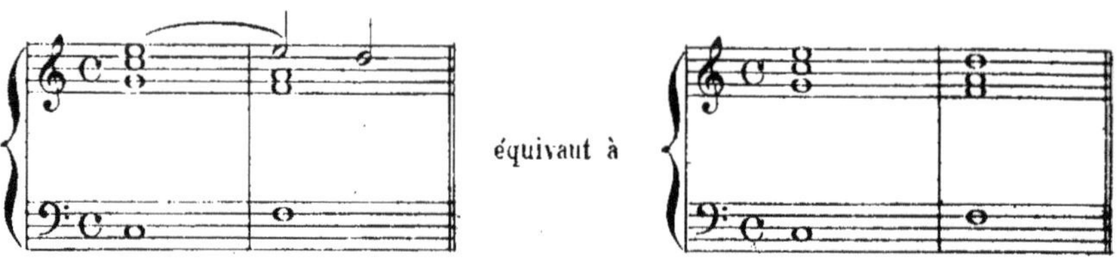

23. Par conséquent, un changement d'accord (c'est-à-dire un accord autre que celui auquel on s'attend) peut coïncider avec le moment de la résolution du retard, à la condition évidente que la note résolue soit **note réelle** de l'accord nouveau.

L'accord nouveau est celui de la mineur. La note de résolution **do** en fait partie comme note réelle.

L'accord nouveau est celui de fa majeur. La note de résolution **do** en fait partie comme note réelle.

24. Le caractère de la suspension est de déterminer une dissonance avec l'une des notes essentielles de l'accord. Cette dissonance est de septième (ou de seconde, intervalle que produit la septième renversée) ou de neuvième.

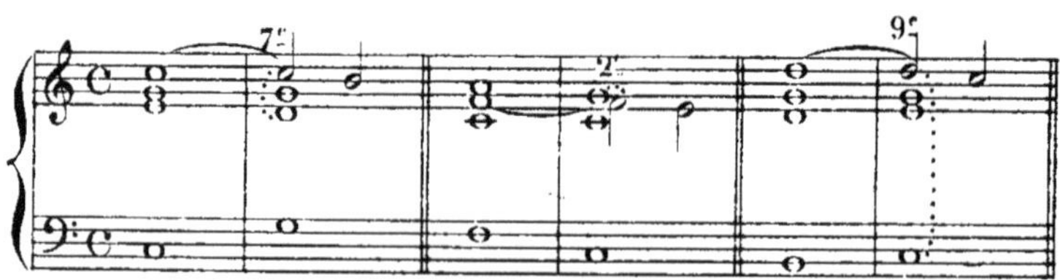

25. Les suspensions qui n'accusent point de dissonance, tout en formant des suspensions véritables (c'est-à-dire retardant une note à laquelle on s'attend) ont un caractère de résolution plus indécis.

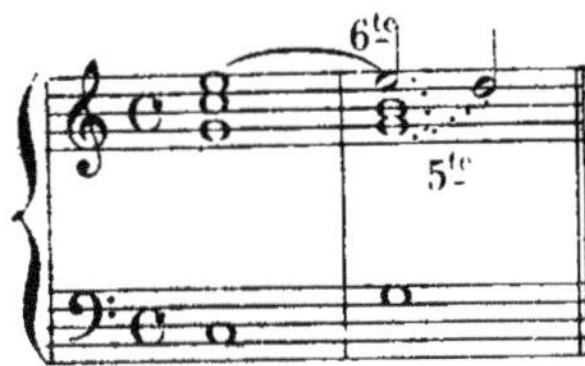

Il n'y a là aucune dissonance. C'est la 6te (sol-mi) retardant la quinte (sol-ré), tous intervalles consonnants.

Ici c'est la quinte (mi-si) qui retarde la sixte (mi-do), intervalles consonnants.

FAUTES A ÉVITER.— **26.** Jamais, au moment où la suspension opère sa résolution, une autre partie ne doit se porter par mouvement semblable, sur la note de résolution.

Cette octave directe n'est légitimée ni par le mouvement conjoint de la partie supérieure, ni par le mouvement disjoint de la Basse, qui vient au contraire détruire, en se portant à l'octave de la note résolutive, l'effet voulu par la suspension.

27. On s'assurera de la bonne condition de la suspension en lui substituant pour l'analyse la note réelle. L'harmonie doit être correcte, **abstraction** faite de la suspension.

se réduit à

2 quintes consécutives, par mouvement semblable.

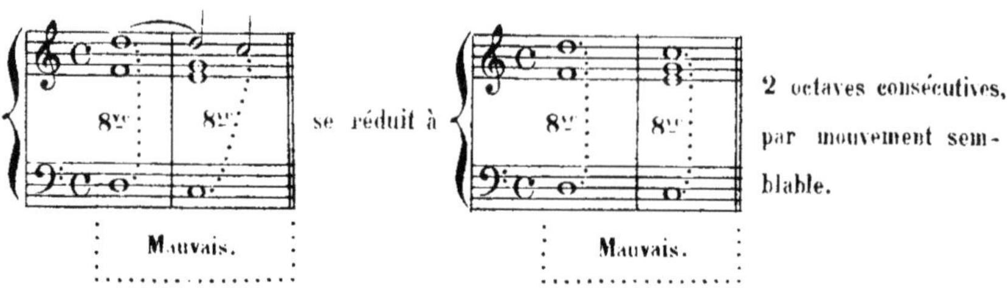

28. On obtient une résonnance particulièrement agréable, dans la suspension supérieure de l'octave, en ne doublant point à la basse la note de résolution. La note suspendue se résout alors sur un accord de sixte. Comparez les deux exemples.

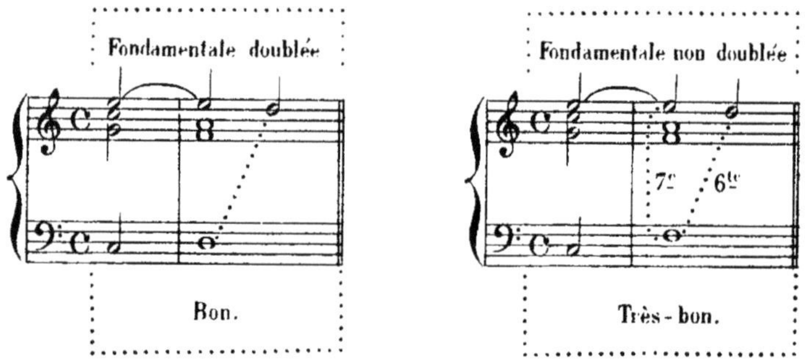

On donne à ce dernier exemple le nom de suspension sept-six, parce que le retard y forme une **septième** et la note de résolution une **sixte** avec la Basse.

29. Les exemples suivants fournissent une bonne formule de cadence, lorsque la mélodie s'y prête.

ARTICLE IV

DE L'APPOGGIATURE.

30. Nous avons dit que la théorie de la Suspension comprenait trois opérations: préparation, retard, résolution. En supprimant la première, le retard, n'étant plus préparé devient une appoggiature.

Ici c'est l'appoggiature supérieure de la tierce de l'accord.

Ce mot vient du verbe italien *appoggiare* (appuyer.)

31. C'est donc une note forte, sur laquelle on s'appuie avant d'arriver à la note principale, dont elle occupe momentanément la place.

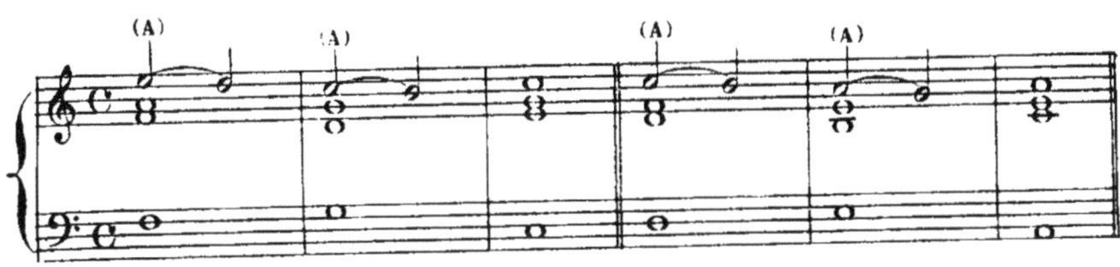

C'est l'appoggiature **forte**, au sens étymologique du mot.

32. Par extension et par analogie on donne aussi le nom d'appoggiature à une note d'ornement qui précède pareillement la note principale, mais en s'appuyant sur **celle-ci**. C'est l'appoggiature **faible**. Elle ne porte aucun accent.

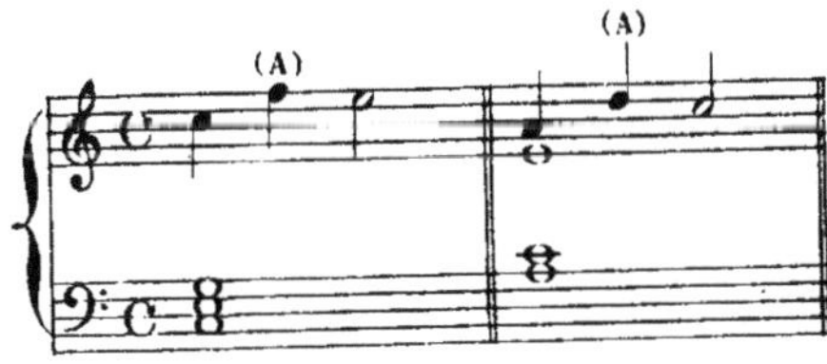

33. L'appoggiature, comme la suspension, se résout sur le **degré conjoint** dont elle a tenu la place en le retardant. Elle est supérieure ou inférieure, selon qu'elle descend ou monte pour aboutir à la note réelle.

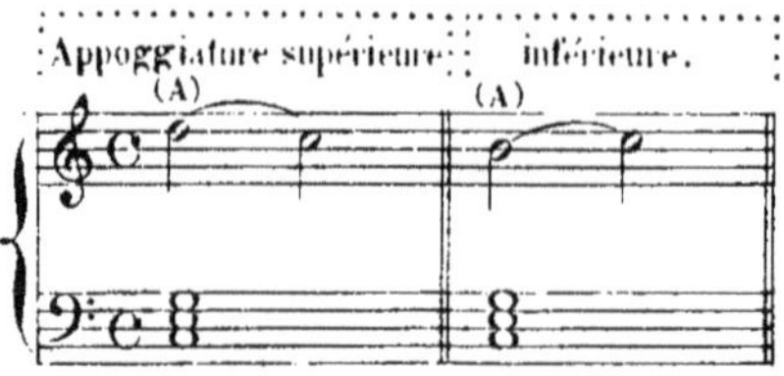

34. Comme la broderie, l'appoggiature est **simple** quand elle fait retour **immédiat** à la note réelle. Elle est **double** lorsqu'elle passe du degré supérieur au degré inférieur de la note réelle *(ou vice versâ)* avant de revenir à celle-ci.

35. Le caractère de l'appoggiature, comme celui de la suspension, est de déterminer une dissonance avec l'une des notes essentielles de l'accord, (dissonance de septième, de seconde, ou de neuvième.)

36. Les appoggiatures consonnantes sont d'un effet plus vague, parce qu'elles semblent appartenir à l'harmonie. Telle la sixte se résolvant sur la quinte, et vice versâ.

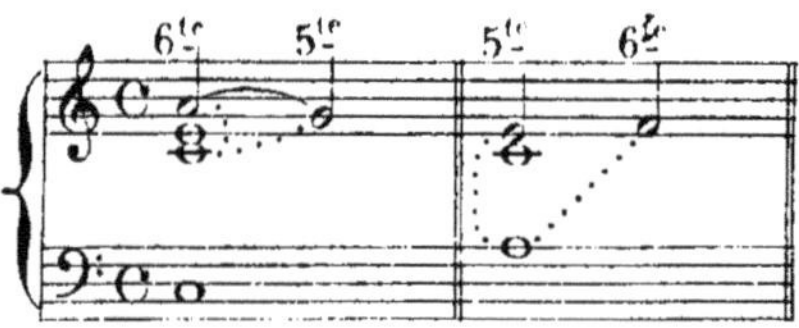

37. On enlèvera toute dureté à l'appoggiature dissonante en évitant de la frapper en même temps que la note principale doublée. Cela revient à la suspension **sept-six**, à cette différence près que l'appoggiature **sept-six** supprime la préparation de la dissonance, comme c'est le propre de toute appoggiature.

38. L'accord peut aussi changer au moment de la résolution de **l'appoggiature.**

39. Une **appoggiature** peut succéder à une **note de passage.** Alors la note de passage saute d'une **tierce** (soit supérieure, soit inférieure) pour attaquer l'appoggiature qui se résout régulièrement.

FAUTES A ÉVITER. _ **40.** L'harmonie doit être irréprochable, **abstraction faite de l'appoggiature** qu'il faut pouvoir remplacer par la note réelle sans qu'il n'en résulte ni quintes ni octaves consécutives.

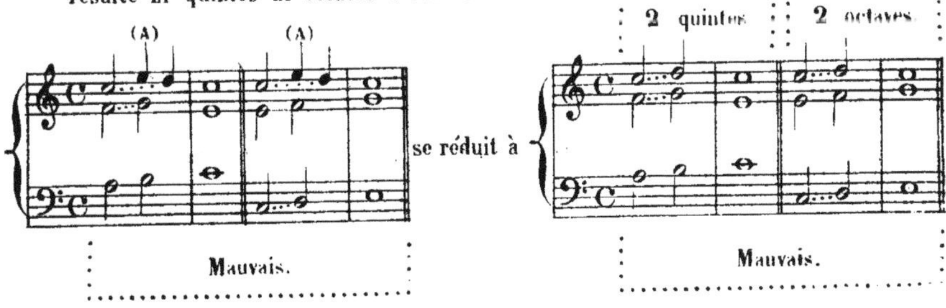

41. En vertu du même principe, deux quintes consécutives, dont la deuxième est amenée par une note réelle et une appoggiature, sont admissibles.

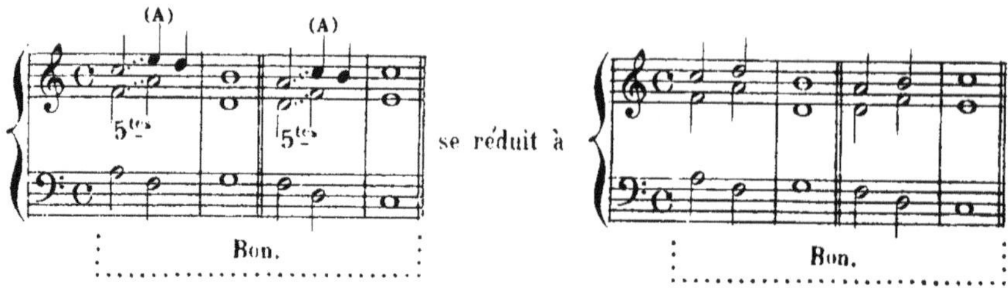

ARTICLE V

DE L'ANTICIPATION.

42. L'**anticipation** est une note que l'on fait entendre avant l'accord qui est le sien. Elle anticipe sur les autres notes de cet accord: de là son nom.

43. On qualifie cette anticipation de **directe**, parce que la note qui anticipe est la même que celle qui la suit.

L'anticipation est **indirecte** quand la note qui la suit est différente, tout en étant contenue dans l'accord suivant.

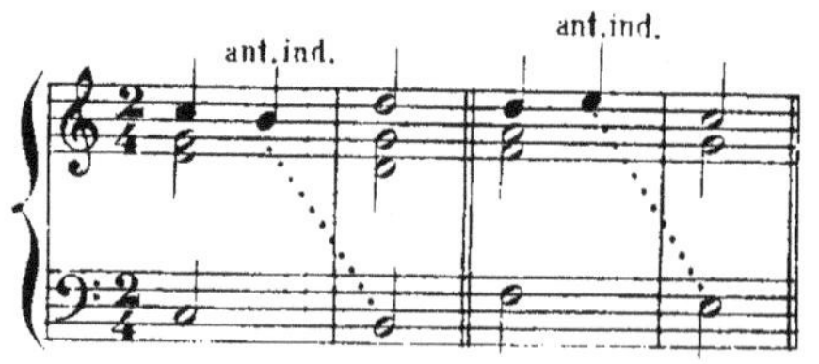

On voit que ces anticipations attaquent une autre note du nouvel accord, tandis que les anticipations directes des exemples précédents redisent la même note.

44. La note d'anticipation est essentiellement faible et ne saurait porter aucun accent, sauf ce cas particulier de **cadence** où l'anticipation se met à la Basse, qui devance l'accord tout entier.

ARTICLE VI

DE L'ÉCHAPPÉE.

45. On sait que la Broderie quitte sa note principale pour y revenir en résolution régulière.

L'Échappée est une note qui succède pareillement à la note principale (ou réelle) mais qui n'y **revient pas.** Elle est par conséquent suivie d'un autre degré que le degré conjoint supérieur ou inférieur.

46. L'échappée n'est souvent qu'une broderie sans résolution, une broderie tronquée. Ainsi les 2 premiers exemples précédents peuvent se ramenér aux suivants.

47. L'échappée n'est souvent aussi qu'une anticipation indirecte, lorsque la note **échappée** fait partie de l'accord suivant.

ARTICLE VII

DE LA PÉDALE.

48. On nomme **pédale** un son qui persiste dans son immobilité, pendant que les autres sons concourent, dans leur mouvement, à faire entendre des accords **étrangers** à ce son resté fixe.

49. Cette faculté de devenir note étrangère à l'harmonie constitue le caractère distinctif de la Pédale, ainsi appelée parce que, à l'orgue, cette partie s'exécute souvent avec les pieds.

50. Néanmoins on donne généralement le nom de Pédale à une partie qui s'immobilise quelque temps, lors même qu'elle n'est étrangère à aucun des accords perçus pendant sa durée.

51. La Pédale la plus usitée est celle qui se place à la **basse;** mais elle peut aussi se trouver à **l'aigu** ou dans une **partie intermédiaire.**

Remarque. _ Dans tous les exemples de cet Article, les accords étrangers à la note de pédale sont marqués du signe x

52. Les enchainements d'accords **étrangers** à la pédale de **basse** s'analysent en dehors de cette note de pédale, absolument comme si elle n'existait pas. Par conséquent la partie la plus **voisine** de cette pédale devient la **vraie basse** de ces accords.

REMARQUE.— Dans la Pédale à **l'aigu**, comme dans **l'intermédiaire**, on ne peut faire entendre deux accords **consécutifs** étrangers à ces pédales.

REMARQUE.— Dans les exemples précédents (pédale à l'aigu et pédale intermédiaire) les accords marqués du signe x peuvent aussi s'analyser comme **notes de passage**.

53. Pour l'accompagnement du Plain-chant, les notes de pédale seront dans chaque mode, la **tonique** et la **dominante**.

54. Le premier et le dernier accord d'une **pédale** ne peuvent lui être **étrangers**.

Pédale double.— **55**. Les deux parties graves peuvent s'immobiliser et former comme suit, une double pédale. Les deux parties supérieures procèdent alors par tierces ou par sixtes.

REMARQUE.— Les accords marqués du signe x peuvent aussi s'analyser comme **notes de passage**.

CHAP

EXERCICES

Exercices pour les Modes avec bémols:
(1er, 3e, 4e, 6e, 8e).

ART

NOTES D

Une note de passage liant l'intervalle

Deux notes de passage liant l'intervalle

Note de passage liant

TRE II

RAISONNES.

Exercices pour les Modes avec dièzes:
(2e, 5e, 7e).

CLE I

PASSAGE.

de **tierce** dans un même accord. (3/4 5)

de **quarte** dans un même accord. (3/4 5)

deux accords différents. (3/4 4)

Notes de passage simultanées.

(Disposition

(Disposition en tierces.) (¾ 7)

en sixtes.)

(Par mouvement

ARTI

BRO

Broderie

Broderie

Broderie

contraire.)

CLE II

DERIES

supérieure. (§ 10)

intérieure. (§ 10)

double. (§ 12)

Changement d'accord **coïncidant**

Changement d'accord **effectué** pendant

Broderies simultanées.

avec la résolution de la Broderie. (§ 14)

la durée de la Broderie. (§ 14)

(Disposition en tierces.) (§ 15)

(Disposition

Par mouvement

Trois Broderies

en sixtes.) (§ 15)

contraire. (§ 15)

simultanées. (§ 15)

ARTI

SUSP

(Suspension supérieur

(Suspension supérieure d

(Suspension inférieur

(Suspension inférieure de

Résolution de la Suspension coïncidan

CLE III

SIONS.

de la tierce.) (§ 17)

la fondamentale.) (§ 20)

de la tierce.) (§ 20)

la fondamentale.) (§ 20)

avec un changement d'accord. (§ 22, 23.)

Suspensions qui n'accusent

(Suspension sept-

(Formules de

pas de dissonance (§ 24, 25.)

six.) (§ 28)

cadence.) (§ 29)

ARTI

APPOGGIA

(Appoggiature superieure

(Appoggiature inférieure

(Appoggiature inférieure

(Appoggiature

CLE IV

TURES.

de la tierce.) (§ 30)

de la fondamentale.)

de la tierce.)

de la fondamentale.)

double.) (§ 34)

(Appoggiatures qui n'accusent

(Appoggiature sept-

(Résolution de l'Appoggiature **coïncidant**

(Appoggiature succédant à

pas de dissonance. (§ 36)

six.) (§ 37)

avec un changement d'accord.) (§ 38)

une note de passage.) (§ 39)

(Appoggiature

(Quintes **cachées** par

(Quintes **produites** par

faible.) (§ 32)

l'Appoggiature.) (§ 40)

l'Appoggiature.) (§ 41)

ARTI

ANTICI

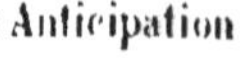

(Anticipation

(Anticipation

(Anticipation de la Basse sur

ARTI

ÉCHAP

(Échappée

CLE V

PATION.

dirrete.) (§ 42)

indirecte.) (§ 43)

un accord tout entier.) (§ 44)

CLE VI

PÉE.

supérieure.) (§ 45)

(Échappée

(Échappée semblable à

(Échappée sautant de

intérieure) (§ 45)

l'anticipation indirecte.) (§ 47)

quarte ou de quinte.)

CLE VII

PÉDALE.

la Basse (§ 51)

l'aigu (§ 52)

intermédiaire (§ 52)

double (§ 55)

CHAPITRE III

SUCCESSION DES ESPÈCES.

56. Jusqu'ici nous avons pratiqué **isolément** chaque espèce de notes étrangères à l'harmonie, et l'élève a pu voir de quels merveilleux éléments de variété se sont enrichis les accords.

Si maintenant l'on considère la **succession** des espèces, l'indéfini s'ajoute à l'indéfini. Nous consacrons à ce nouveau point de vue un chapitre spécial, afin de ne pas embrouiller les notions, rendues aussi claires que possible, du chapitre précédent. Entrons dans le détail.

ARTICLE I

NOTES DE PASSAGE.

57. Les **notes de passage** sont susceptibles d'être ornées: I°, par la **broderie**; II°, par **l'appoggiature**; III° par **l'échappée.**

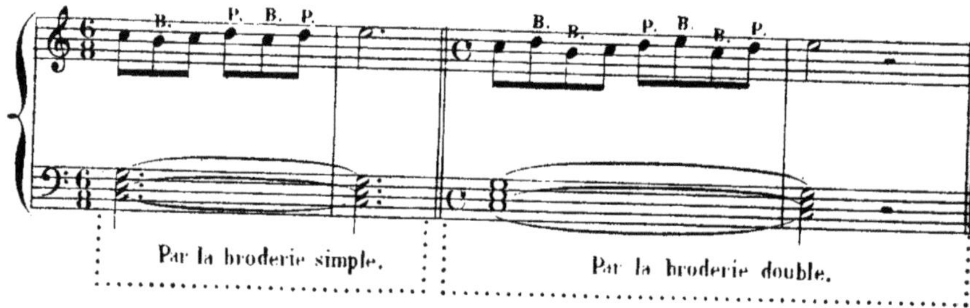

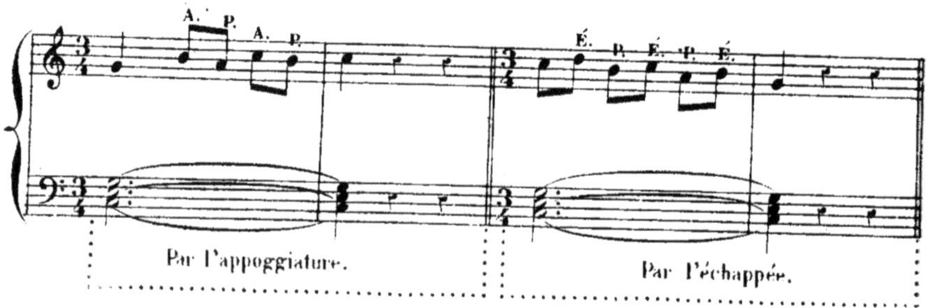

REMARQUE. — **58.** Nous avons traité au Chapitre I. (§ 7) des notes de passage **simultanées**, parce qu'elles sont d'un usage plus fréquent dans la question qui nous occupe.

ARTICLE II

DE LA BRODERIE.

59. Nous n'avons jusqu'à présent employé la **broderie** que pour orner une **note réelle.**

Mais la **broderie** peut orner elle-même toutes les autres notes d'ornement: cette qualité qui lui est propre, la distingue essentiellement.

Appliquons-la méthodiquement, par des exemples, aux diverses espèces.

Broderie des notes de passage.

Broderie de la suspension.

Broderie de l'appoggiature.

Broderie de l'anticipation.

Broderie de l'échappée.

Broderie de la pédale.

Inutilisable dans l'accompagnement du Plain-chant.

60. Ce qui achève de montrer que la broderie peut orner toutes les espèces de notes étrangères à l'harmonie, c'est qu'elle est susceptible de s'orner elle-même et de réaliser ainsi la **broderie de la broderie.**

REMARQUE. — **61.** Nous avons traité, au Chapitre I. (§ 15) des broderies simultanées, parce qu'elles sont d'un usage plus fréquent dans la question qui nous occupe.

ARTICLE III

DE LA SUSPENSION.

62. La suspension est la note la moins susceptible d'être ornée, entravée qu'elle est par la note qui la précède à titre de **préparation** et par celle qui la suit comme **résolution.**

63. La formule suivante, où la note de résolution est ornée d'une broderie inférieure, est élégante.

64. On peut supprimer la note de résolution anticipée, marquée de la lettre **R**, dans les exemples précédents. La note qui suit la suspension peut alors s'analyser comme échappée. (§ 46).

65. La suspension peut, avant de se résoudre, se porter sur une autre note **réelle** de l'accord de résolution.

66. Il est presque inutile de remarquer que la suspension se place à n'importe quelle position des accords, c'est-à-dire que chaque partie peut la recevoir, y compris la Basse.

SUSPENSIONS SIMULTANÉES.— 67. On peut suspendre **simultanément** plusieurs notes d'un accord.

Deux suspensions simultanées se résolvent ou par le mouvement **semblable** ou par le mouvement **contraire**.

68. Pour que deux suspensions opèrent leur résolution par le mouvement semblable, il faut qu'elles soient en rapport de **tierce** ou de **sixte**.

69. Lorsque deux suspensions opèrent leur résolution par le mouvement contraire, il y a en même temps suspension **supérieure** et suspension **inférieure**.

70. Les exemples suivants renferment trois suspensions simultanées.

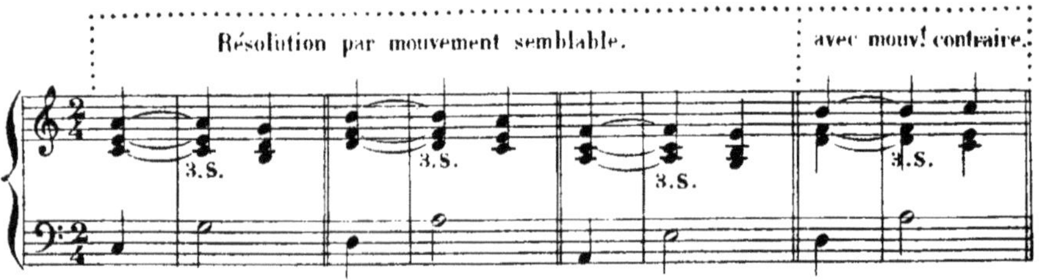

REMARQUE I.— 71. Dans les suspensions simultanées on évite de suspendre la Basse.

REMARQUE II.— 72. Les suspensions simultanées sont soumises aux mêmes lois que la suspension simple

ARTICLE IV

DE L'APPOGGIATURE.

73. On a vu que l'appoggiature peut servir à l'ornement: I°, de la note de passage (§ 57) II°, qu'elle peut elle-même être ornée par la broderie (§ 59). Consultez aussi le § 39, où l'appoggiature suit la note de passage.

74. Deux appoggiatures, l'une faible, l'autre forte, peuvent se succéder, et la première devenir ainsi **l'appoggiature** de **l'appoggiature**.

APPOGGIATURES SIMULTANÉES. – **75.** Les appoggiatures simultanées suivent les lois de **résolution** des suspensions simultanées; c'est-à-dire que, pour opérer cette résolution par le mouvement semblable, elles devront être disposées en **tierces** ou en **sixtes**

76. Comme pour les suspensions simultanées, la résolution par le mouvement contraire est la conséquence d'appoggiatures **supérieure** et **inférieure** simultanées.

77. Les exemples suivants renferment trois appoggiatures simultanées.

Observez les résolutions par mouvement semblable, et par conséquent la disposition des parties en **tierce** et en **sixte:**

Observez les résolutions par mouvement contraire, dont la conséquence est une disposition plus libre des parties.

ARTICLE V

DE L'ANTICIPATION.

78. L'anticipation peut précéder: I°, la **note de passage** (Ex.I). II°, la **broderie** (Ex.II). III°, l'**appoggiature**. (Ex. III).

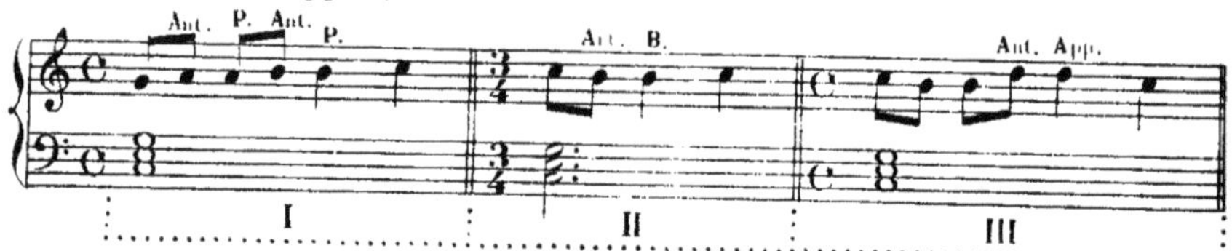

ANTICIPATIONS SIMULTANÉES.— **79.** Des anticipations simultanées sont praticables.

REMARQUE.— **80.** Dans les exemples précédents, le chiffre $\left(\frac{6}{4}\right)$ indique un second renversement (accord de quarte et sixte) interdit pour l'accompagnement du Plain-chant.

Mais l'anticipation, simple ou simultanée, est une note essentiellement **faible, à peine appuyée;** de sorte que l'oreille ne retient pas comme accord ce second renversement, qui devient ainsi une apparence plutôt qu'une réalité.

81. Les exemples suivants renferment trois anticipations simultanées.

ARTICLE VI

DE L'ÉCHAPPÉE.

82. On a vu que l'échappée peut servir à l'ornement: I°, de la note de passage (§ 57). II°, qu'elle peut elle-même être ornée par la broderie (§ 59).

83. Elle est suivie de l'appoggiature dans les exemples suivants.

84. L'échappée est double dans la formule suivante.

85. Disons enfin, sans oser conseiller de le mettre en pratique, que les échappées peuvent être simultanées et suivies d'appoggiatures simultanées elles-mêmes.

ARTICLE VII

DE LA PÉDALE.

86. La Pédale n'est susceptible d'aucun ornement, hormis la Broderie (§ 59) puisqu'elle est **immobile** de sa nature. C'est pourquoi nous l'avons traitée complètement au Chapitre I. Mais on pratique sur elle toutes les autres espèces. En donner des exemples n'aurait pas de fin. La seule remarque à faire, c'est que la pédale peut se transformer en suspension.

CHAPI

EXERCICES

ARTI

NOTES DE

Exercices pour les modes avec bémols:
(1er, 3e, 4e, 6e, 8e).

Note de passage ornée

P. B. P. P. B. P.

P. B. P.

Note de passage ornée

TRE IV

RAISONNÉS.

CLE I

PASSAGE.

Exercices pour les modes avec dièzes:
(2e, 5e, 7e).

par la Broderie (§ 57)

P. B. P. P. B. P.

P. B. P.

par l'Appoggiature (§ 57)

Note de passage ornée

Notes de passage simultanées (${}^{2}_{6}$ 7) ornées

ARTI

DE LA

Broderie de la

Broderie de

Broderie de

par l'Échappée (§ 57)

par Broderies simultanées (§ 15)

CLE II

BRODERIE

Suspension (§ 59)

l'Appoggiature (§ 59)

l'Anticipation (§ 59)

Broderie de

Broderie de

Trois Broderies doubles

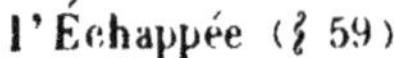

l'Échappée (§ 59)

la Broderie (§ 60)

simultanées (§§ 12 et 15)

ART

DE L

Note de résolution orné

Supression de la note de résolutio

Résolution retardée par note réel

CLE III

SUSPENSION.

d'une broderie inférieure (§ 63)

anticipée des exercices précédents (§ 64)

de l'accord de résolution (§ 65)

Suspensions simultanées résolues

Suspensions simultanées résolues

Triple

par mouvement semblable (§§ 67 et 68)

par mouvement contraire (§ 69)

suspension (§ 70)

ARTI

DE L' AP

Appoggiature de

Appoggiatures

CLE IV

POGGIATURE.

l'appoggiature (§ 74)

simultanées (§ 75)

Appoggiatures simultanées

supérieure et inférieure (§ 76)

appoggiature (§ 77)

CLE V

TICIPATION.

simultanées (§ 79)

Triple

ARTI

DE L'É

Échappée suivie

Double

Échappées simultanées (§ 85)

anticipation (§ 81)

CLE VI

CHAPPÉE.

d'appoggiature (§ 83)

échappée (§ 84)

suivies d'appoggiatures (§ 85)

CHAPITRE V

MÉLANGE DES ESPÈCES.

87. L'horizon s'élargit encore, si l'on envisage la possibilité du **mélange simultané** des espèces.

Il n'y a pas de théorie applicable ici. C'est le domaine de l'invention, régie par les lois propres à chaque espèce: la sanction de l'oreille est la meilleure garantie des combinaisons heureuses. Voici des exemples:

Appoggiature sur Broderie.

88.

Même formule avec Broderie simultanée.

Formule identique, avec appoggiature double, la première faible (a) la seconde forte (A).

Suspension sur notes de passage.

89.

Même exemple, où la suspension est remplacée par l'appoggiature.

Broderies (§ 60) sur notes de passage.

90.

Dans l'exemple suivant la résolution de la suspension devient appoggiature, à cause de la dissonance qu'elle produit avec la broderie entendue simultanément.

Broderies (§ 60) sur Broderies (§§ 10 et 15).

91.

Appoggiature sur note de passage.

92.

Dans l'exemple suivant, l'appoggiature précédée de l'échappée se mélange avec la broderie.

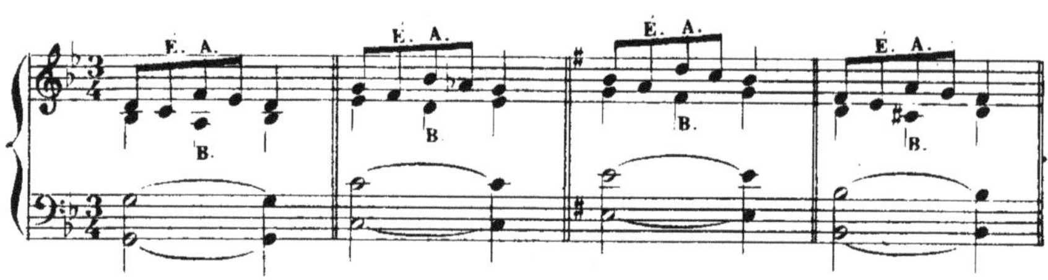

93. Trois broderies simultanées

sont élégamment détaillées comme suit.

94. L'anticipation peut être ornée par la broderie (§ 59).

Cet exemple, d'un excellent style, est à retenir.

95. A l'anticipation précédente on peut en superposer une autre dans les conditions de l'exemple suivant.

96. Il est à remarquer que, dans tous ces exemples, la Basse demeure immobile pendant que s'opère le mélange des autres parties, effectuant de la sorte autant de courtes pédales. En voici de plus longue durée.

97. A remarquer aussi que la plupart des mélanges se pratiquent avec des notes de durée inégale.

Il y aurait vraiment trop à dire pour qu'il ne soit pas sage de s'arrêter. En voilà d'ailleurs plus qu'il n'en faut pour faire comprendre à l'élève le mécanisme des combinaisons simultanées et l'intérêt qu'il pourra prendre à en découvrir sans cesse de nouvelles.

CHAPITRE VI

RÈGLES FONDAMENTALES.

Nous croyons utile de réunir en ce chapitre ce qu'il est nécessaire d'éviter ou de pratiquer pour la correction de l'harmonie.

RÈGLES GÉNÉRALES.

98. 1º Ne jamais faire deux quintes ni deux octaves consécutives, soit par mouvement semblable (Ex. I, II), soit par mouvement contraire (Ex. I bis, II bis).

IIe Entre parties extrêmes, n'aboutir à une quinte (**Ex. III**) ou à une octave (**Ex. IV**) par mouvement semblable, que si la partie supérieure procède par degrés conjoints et la Basse par degrés disjoints.

IIIe Entre une partie intermédiaire et une autre partie quelconque, n'aboutir à une quinte (**Ex. V**) ou à une octave (**Ex. VI**) par mouvement semblable, que si l'une des deux (mais n'importe laquelle) procède par degrés conjoints.

IVe Entre parties extrêmes, la relation de **triton** est mauvaise quand la Basse **descend** et que le Chant **monte** (Ex. VII). Elle est bonne quand la Basse **monte** et que le Chant **descend** (Ex. VIII).

Ces règles générales sont expliquées avec développement dans notre première partie (pages 25 et suivantes).

RÈGLES PARTICULIÈRES AUX DIVERSES ESPÈCES.

99. I^{e} Consulter les §§ 8, 11, 16, 26, 27, 37, 40, 41, 80, 85.

IIe L'oreille refuse d'admettre que la **tierce majeure** d'un accord soit **doublée** lorsqu'elle est **ornée** d'une note étrangère à intervalle de **demi-ton**.

III.º Si des notes de passage viennent **aboutir** à **l'unisson** (Ex. I), ou à **l'octave** (Ex. II), ou à une **tierce majeure** tenue dans une autre partie (Ex.III), ce ne sera jamais par un intervalle de **demi-ton**.

Mais on peut **partir** de l'unisson (Ex. I^bis), de l'octave (Ex. IIbis), ou de la tierce majeure tenue (Ex. IIIbis) et s'en éloigner par un intervalle de demi-ton.

Remarque. — Si la partie heurtée des exemples (I, II, III) ci-dessus se meut au moment où elle serait devenue unisson, ou octave, le choc devient admissible, surtout avec une certaine allure dans le mouvement.

IV.º L'unisson ne se suspend (Ex. I) ni ne se brode (Ex. II).

Remarque. — Le § 65 s'applique aussi à l'appoggiature; c'est-à-dire que la dissonance produite par elle peut être séparée de la note de résolution par une autre note réelle de l'accord résolutif.

V° On évitera soigneusement tout ce qui peut donner l'impression d'un accord de **septième** (Ex. I), ou d'un **second renversement** (Ex. II).

L'accompagnement du Plain-chant ne connaît ni cet accord ni ce renversement.

VI° Les diverses parties accompagnantes suivront un mouvement d'ordre **diatonique**, à l'exemple de la mélodie.

Elles ne feront entendre aucun intervalle augmenté ou diminué, et la Basse ne franchira pas d'intervalle plus étendu que celui de **sixte mineure** (l'octave exceptée).

Enfin il ne sera usé d'aucun accident étranger à la constitution du mode accompagné, sauf de celui que l'on rencontre dans le mode lui même (si ♭). (Revoir dans l'Avant-propos: **Lecture du Plain-chant**, ce que devient ce si ♭ pour chaque transposition.)

OBSERVATION I._ Il était nécessaire que l'élève connût tous les artifices dont peuvent être entourés les accords **consonnants**, fonds unique de l'harmonisation du Plain-chant. L'étude des exemples de la fin l'aidera à discerner quel choix il en faut faire plus pratiquement.

OBSERVATION II._ Les règles contenues dans ce Chapitre sont grammaticales; elles sont impuissantes à former le **style**. Il y a de mauvais discours qui n'enfreignent aucune des lois de la grammaire. Le style ne s'acquiert que par le travail, qui donne l'expérience.

OBSERVATION III._Nous conseillons à l'élève de ne se servir d'abord, pour l'accompagnement courant du Plain-chant, que des notions du Chapitre I. Elles peuvent suffire. Il saura par lui-même quand le temps sera venu de passer à la suite, progressivement.

CHAPITRE VII

APPLICATION DES PRINCIPES.

100. L'élève a pu se convaincre, par l'exécution attentive des exercices précédents, que les notes dissonantes qui s'y rencontrent ne sont **constitutives** d'aucun des accords employés. Elles en modifient l'état **passagèrement**, mais n'en changent pas la nature.

Ce point essentiel étant bien compris et retenu, il s'agit présentement de rendre pratique, autant qu'il est possible, l'application au Plain-chant des règles concernant les notes étrangères; c'est-à-dire d'apprendre à l'élève à distinguer quand il doit placer et changer ses accords, afin que le rythme de l'harmonie ne déforme pas le rythme de la mélodie.

101. Le rythme est la succession de sons forts et de sons faibles, dans une proportion déterminée.

En musique, la mesure détermine cette proportion par le retour régulier des temps qui la composent.

En plain-chant cette succession, non régulière, est déterminée par l'accent.

Telle est la différence essentielle entre le rythme mesuré de la musique et le rythme libre du plain-chant.

Avant de donner en exemples des textes mélodiques choisis dans chacun des modes, il importe: I°, de dicter les principes de leur traduction en caractères musicaux; II°, d'expliquer leur ponctuation **rythmique**; III°, d'indiquer la place logique de l'harmonie réelle et celle des notes étrangères aux accords; IV° de faciliter à l'élève l'analyse de ces exemples.

ARTICLE I

TRADUCTION MUSICALE[1]

102. La note simple, quelle que soit sa forme (virga, punctum, losange), est traduite par une croche qui représente l'unité de temps. (Temps premier.)

103. Les *mora vocis* ou tenues de la voix à la fin des groupes sont indiqués par une noire. Mais comme l'introduction de cette noire rompt l'unité du groupe grégorien, nous la rétablissons par une ligature.

N.B. Comme l'écriture musicale moderne occupe sur la portée un espace plus grand que la notation guidonienne, il n'a pas toujours été possible de tenir compte des espaces blancs qui marquent dans nos éditions les *mora vocis*. Afin de remédier à cet inconvénient, d'aider les chantres et d'obtenir un ensemble plus parfait, nous les avons signalés dans le plain-chant par une note pointée. Dans la notation grégorienne le point double la note; mais dans l'écriture moderne il conserve sa valeur ordinaire, c'est-à-dire qu'il vaut la moitié de la note à laquelle il est joint.

104. La noire traduit encore toute note dont la valeur est doublée par le rythme. Par exemple: la première note d'une *clivis* à la fin d'une phrase et la note suivie d'une barre.

Effet:

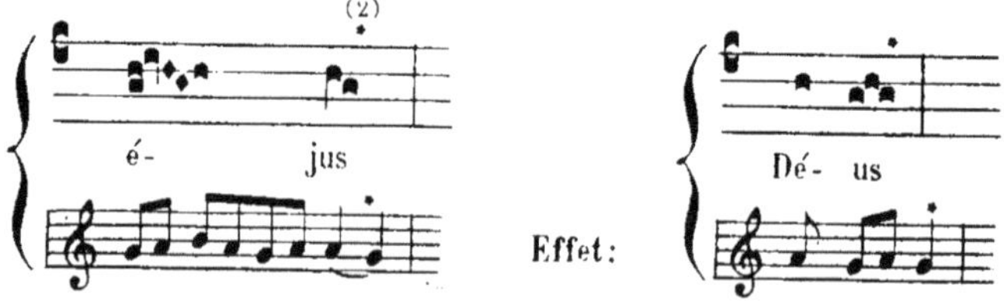

(1) Extrait autorisé de la Préface du *Livre d'orgue* publié par les Bénédictins de Solesmes.

(2) Cette *clivis* finale est traduite par deux noires; la première en vertu de la règle 3; la seconde en vertu de la règle 2, *mora vocis*.

105. La noire traduit aussi la *virga* et le *punctum* isolés avant un groupe.

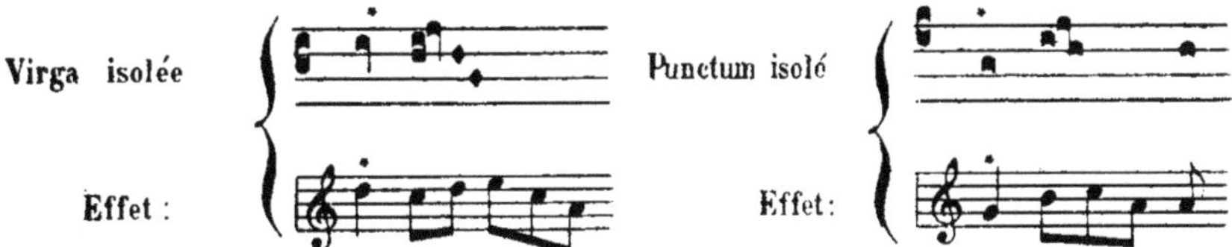

106. La noire surmontée du signe ∧ traduit le *pressus*.

Surmontée des signes > ou <, elle traduit la *distropha*, et, quand elle est pointée, la *tristropha*.

107. Le signe (-) au-dessus ou au-dessous d'une note marque une nuance d'appui et d'ampleur.

108. **A.** La respiration a lieu à la grande barre, à la petite barre, et au quart de barre. Dans les deux derniers cas, elle se prend sur la valeur de la note qui précède ces signes.

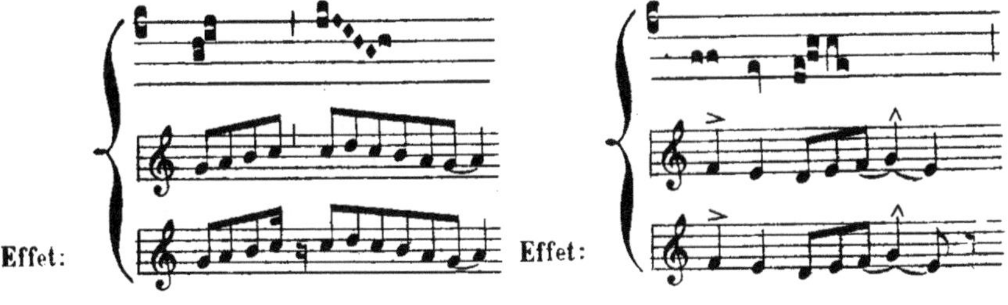

B. La grande barre marque la fin des phrases musicales. Elle est toujours précédée ou suivie d'un soupir.

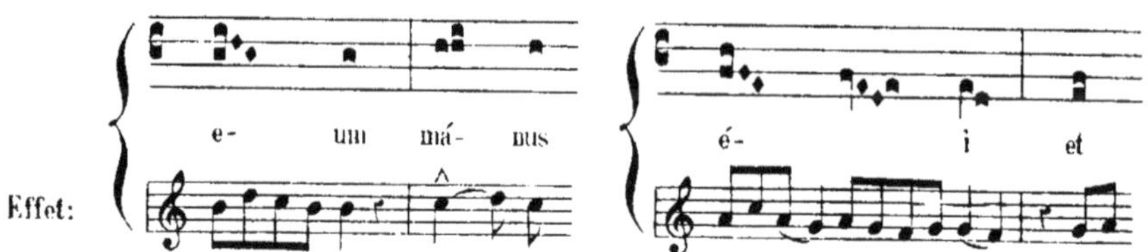

109. Le signe ⁓ au-dessus d'une note indique la présence du *quilisma* dans la notation grégorienne. Ce signe est toujours précédé du trait d'allongement (–).

110. Nous avons marqué les subdivisions rythmiques des longs neumes descendants par un petit trait à droite de la losange.

Lorsqu'on exécutera ces accompagnements au grand orgue, il sera bon de doubler la basse par la pédale.

ARTICLE II

PONCTUATION RYTHMIQUE.[1]

111. Deux syllabes ou notes marquées, l'une d'un *ictus fort*, l'autre d'un *ictus faible*, suffisent pour former un pied (*pes ictibus fit duobus*), ou même un rythme, au sens le plus restreint du mot. Nous indiquons l'*ictus fort* par deux points superposés, l'*ictus faible* par un point en bas.

112. Les *ictus* correspondent à l'*arsis* (levé) ou la *thésis* (baissé) du rythme. En latin le temps fort et l'*arsis* se réunissent sur la syllabe accentuée; le temps faible et la *thésis* sur la syllabe faible finale. Les deux points désignent donc en même temps l'*ictus fort* et l'*arsis* du rythme, et le point unique en bas l'*ictus faible* et la *thésis* du rythme. Toutes les cadences des phrases latines sont descendantes, faibles ou féminines comme on dit aujourd'hui.

(1) Extrait de la même Préface.

113.[1] Dès qu'un rythme se compose de plus de deux notes ou syllabes, une loi de rythmique générale exige que les *ictus* — forts ou faibles — se succèdent de **deux en deux** ou de **trois en trois** notes ou syllabes. Ce n'est que par exception qu'un mouvement rythmique se compose de quatre notes. Chaque *ictus* détermine un nouveau mouvement rythmique d'*arsis* ou de *thésis*, ce qui nous donne des mouvements rythmiques de deux ou trois notes ou syllabes.

A.— Mouvement d'arsis de deux temps.
B.— « « « trois «

C. — Mouvement d'*arsis* de deux temps.
D. — « de *thésis* de deux temps.
E. — « d'arsis d'un temps.
F. — « de thésis de trois temps.
G. — « d'arsis de deux temps.
H. — « de thésis de deux temps.

114. L'*arsis* peut embrasser plusieurs *ictus* ou mouvements rythmiques; un point en haut marque les subdivisions d'*arsis*, ou, si l'on veut, les *arsis secondaires*.

(1) Ce $\frac{2}{3}$ ne doit jamais être perdu de vue.

La *thésis* peut également embrasser plusieurs mouvements rythmiques; elle est dite alors *thésis prolongée*. La *thésis simple* est signalée par un point en bas, la *thésis prolongée* par un second point.

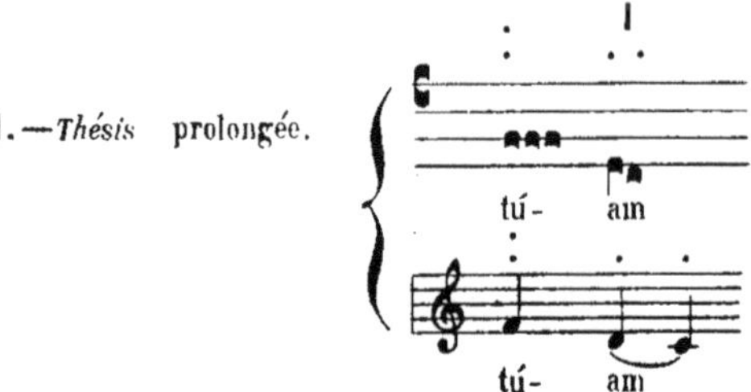

115. L'*anacruse* (note faible ou groupe de notes faibles au commencement des phrases ou des membres de phrase avant la première *arsis forte*) est également indiquée par un point placé avant l'*ictus* d'*arsis*. Ce point peut être en haut ou en bas selon le mouvement mélodique. Nous le nommons *ictus d'anacruse*.

Nous en trouvons un exemple au premier groupe de la phrase musicale suivante, qui renferme d'ailleurs un résumé des différents *ictus* analysés plus haut.

1. *Ictus d'anacruse* placé en haut à cause du mouvement ascendant de la mélodie; cette anacruse comprend deux notes.

2. *Ictus d'arsis*. Cette arsis se compose de trois notes.

3. *Ictus de thésis*. Cette première partie de la thésis comprend deux notes.

4. *Ictus de thésis prolongée*. Me, grammaticalement accentué, perd rythmiquement son accent, parce qu'il se trouve à la fin d'une cadence et avant un accent tonique important.

5. *Ictus d'arsis*, deux notes.

6. *Ictus d'arsis* secondaire, deux notes.

7. 8. *Ictus de thésis* prolongée.

116. Au centre des rythmes quelques *ictus* secondaires peuvent être également indiqués par un point placé indifféremment en haut ou en bas. L'important pour le rythme, c'est que la place des *ictus* soit bien déterminée.

ARTICLE III

PLACE DES ACCORDS.

117. On voit, par l'exposé de la ponctuation rythmique, que les notes ponctuées, qu'elles soient isolées, qu'elles commencent ou finissent un groupe, sont à des degrés divers plus importantes que les autres; équivalant en quelque sorte aux temps (forts ou faibles) de la mesure musicale, et susceptibles de recevoir un accord.

Cela veut dire qu'une note ponctuée dans la mélodie ne peut entrer dans l'harmonie:

I°, **Ni comme note de passage,** puisque les notes de passage ont pour but de conduire la mélodie d'un accent à un autre accent, d'une division à une autre division.

II°, **Ni comme broderie,** puisque la broderie a pour mission d'orner une note plus importante qu'elle.

III°, **Ni comme anticipation,** puisque l'anticipation se fait entendre précisément avant l'accent lui-même. Mais l'anticipation peut se trouver à la Basse (§ **44**)

IV°, **Ni comme échappée,** puisque l'échappée est comme une note égarée en dehors de toute ponctuation.

Mais la note ponctuée peut fort bien devenir harmoniquement, selon le contexte mélodique, **suspension** ou **appoggiature**, parce que ces deux espèces sont des formes de l'accent.

118. Tout revient donc à chercher: I°, **le point de départ** d'une division ou subdivision; II°, les diverses **pauses**, afin de les fixer par une harmonie **réelle**,[1] susceptible d'être *retardée* par la **suspension** ou **l'appoggiature**.

Et c'est alors que, d'un point à l'autre, entreront en jeu les quatre espèces rebelles à l'accentuation, dont les plus fréquemment employées seront la **note de passage** et la **broderie.**

119. Quand une note du chant se prolonge ou se répète, l'ornement de quelque autre partie est parfois nécessaire, souvent élégant.

La note tenue, lorsqu'elle est d'une durée suffisante, peut se traiter en pédale supérieure. La **teneur** d'un psaume d'introït, par exemple, est favorable à cette interprétation.

Nous disons à dessein: psaume d'introït; car il nous semble que le chant des psaumes en général gagnerait à n'être pas accompagné. Il garderait de la sorte sa simplicité originelle de récit modulé, que l'accompagnement lui enlève en lui donnant une importance mélodique qu'il n'a pas.

(1) Ceci n'est point absolu. Il y a des subdivisions qui peuvent se passer d'une harmonie réelle, en raison de leur brièveté ou moindre importance. Comme aussi des notes non ponctuées peuvent en recevoir une, en raison d'un dessin harmonique à poursuivre exceptionnellement.

ARTICLE IV

ANALYSE DES EXEMPLES[1]

120. Afin que l'analyse des exemples suivants soit le plus fructueuse possible, l'élève procèdera avec méthode.

Après avoir lu et comparé la mélodie avec sa traduction musicale, il exécutera le morceau lentement en ne s'occupant tout d'abord qu'à rechercher dans le **chant** les notes de passage et les broderies, dont il poursuivra l'investigation dans les autres parties par une nouvelle exécution.

Il fera ensuite le même travail pour découvrir les suspensions et les appoggiatures, reconnaissant au passage les deux premières espèces déjà plus familières; et il continuera par l'anticipation, l'échappée et la pédale.

Enfin il récapitulera le tout par une dernière exécution dans le mouvement indiqué et c'est alors que les diverses espèces se nommeront d'elles-mêmes à son intelligence.

Nous conseillons aussi à l'élève de ne passer aux modes avec dièzes à la clef, qu'après examen approfondi des modes avec bémols: c'est pourquoi nous avons fait se suivre ces derniers.

Après chacune de ces analyses, l'élève fera bien de s'exercer à réaliser lui-même, en accompagnant des pièces du mode qu'il vient de voir, les espèces qu'il a contrôlées. Il aurait tort de s'effrayer d'une complication plus apparente que réelle. Dans la pratique, qu'il se contente pendant quelque temps des notes de passage et des broderies, qui sont d'une application constante. Elles viendront bientôt sans effort sous ses doigts et lui laisseront alors la faculté de combiner les autres espèces. Quand il en sera devenu maître, le champ des jouissances les plus délicates s'ouvrira pour lui; et les règles, loin d'empêcher sa liberté, la favoriseront de toutes leurs ressources en la rendant toujours plus sûre d'elle-même.

---

(1) Ces exemples sont extraits du Graduel de l'édition bénédictine, à cause du développement des neumes. Nous conseillons la lecture d'une brochure de 50 pages intitulée: Chant grégorien, dans laquelle les principes d'exécution sont appliqués aux éditions modernes. Auteur: abbé Cartaud. Editeur: Herluison, 17, rue Jeanne d'Arc, Orléans.

GRADUEL.

SALVUM FAC SERVUM.

(Messe du Vendredi des IV Temps de Carême.)

sperántem in te.
riten.
V. Au - ri - bus pér - - - - - - -
- - ci - pe, Do - - - - - mi - ne,
o-ra-ti-o-nem mé - - - am.

ALLELUIA.

JUBILATE.

(Dimanche dans l'octave de l'Épiphanie.)

ser - ví - - te Dó - - - - - - -
- - - - mi - - - no
in læ - tí - ti - - - - a

ALLELUIA.

LAUDATE DOMINUM.

(Messe du II. Dimanche après l'Épiphanie.)

é - - - - - - - - - - -
- - - - - - - - - um
om - nes vir-tú tes é - - -
-jus.

COMMUNION.

DICIT DOMINUS.

(Messe du II. Dimanche après l'Épiphanie.)

a-quam vi - num fác - tam, di - - cit spón - so:
ser - vá - - sti bó - num ví - - num
us - - - que ad - huc. Hoc signum fé-cit Je-
-sús pri - mum córam dis-cí - pu - lis su - is

OFFERTOIRE.

MIRABILIS DEUS.

(Ire Messe de plusieurs Martyrs.)

- bit vir - - tú- - - - tem
et for - ti - tú - di - nem plé- - bi sú -
æ: be - ne-dí- - - - - ctus Dé- - - - -
- - - - - - us, al - le - -

OFFERTOIRE.

REGES THARSIS.

(Épiphanie.)

réges A - - ra - - - bum et Sa-bá
dó - - na ad - dú - - - cent:
et a - do - rá bunt é - um
óm nes ré - - - ges tér - - - ræ,

INTROÏT.

PUER NATUS EST.

(Messe du Jour de Noël.)

et fí - li - us dá - tus est nó - - bis:
riten.
cújus impé - - ri - um super hú - - me - rum é - - - -
-jus: et vo-cá - bi-tur nómen é - - - jus,
má - gni con - sí - li - - i An - - ge - lus.
riten.

ALLELUIA.

DIES SANCTIFICATUS.

(Messe du Jour de la Nativité de N.S.)

V. Di- - - -
riten.
-es san - cti - fi - cá - tus il - lú - - xit no - - -
- - - - - - bis: ve - -
- - - - - ní - te gén - tes

OBSERVATIONS PRATIQUES.

I.– Un chant **syllabique** (c'est-à-dire exprimant chaque syllabe par une seule note) peut recevoir un accord à chaque note, si le mouvement n'a pas une allure assez vive pour qu'on use de notes étrangères dans l'accompagnement.

II. – Dans les groupes de **deux notes**, c'est la première qui reçoit l'accord. Cela ne veut pas dire que cette première note doive toujours être **note réelle** de cet accord. La seconde note sera cette note réelle, si la première est une suspension ou une appoggiature (§ 118). Mais la **Basse** de l'accord devra se faire entendre sur la première note du groupe.(1)

Remarquez les trois passages (B͡A) où la Broderie se résout sur une Appoggiature.

III. – Dans les groupes de **trois notes**, la Basse de l'accord qui les accompagne se fera pareillement entendre sur la première note.(1) On briserait le rythme du groupe en frappant deux accords distincts pendant sa durée.

Cette règle de rythme est d'une pratique constante. Il est loisible de ne pas appliquer un accord nouveau à chaque succession de groupes; mais il est favorable à la clarté du style d'exprimer l'unité du groupe par l'unité de l'accord. On **doit** le faire toutes les fois qu'on le **peut**. On ne le peut pas toujours.

Remarque. – De ce que la Basse de l'accord doit coïncider avec la première note d'un groupe, il ne s'ensuit pas qu'il soit nécessaire de l'immobiliser pendant la durée de ce groupe. C'est ainsi que, dans les exemples suivants, l'unité de l'accord n'est pas rompue par les mouvements subséquents de la Basse.

(1) A moins que la Basse ne soit elle-même suspendue sous cette première note.

IV._ Les groupes plus nombreux se subdivisent, comme il est expliqué au (§ 113). Nous rentrons donc dans les groupes de **deux** et de **trois**: (4 = 2,2) (5 = 2,3 / 3,2) (6 = 2,2,2 / 3,3).

V._ Reçoivent logiquement un accord, en dehors des groupes précités: I°, la dernière ou les deux dernières notes (suivant les cas) de la fin d'une phrase ou d'un membre de phrase: en un mot, tout ce qui se traduit par la **noire**. (Voir §§ 103, 104, 105, 106 108); II°, toute syllabe accentuée dans le texte.

REMARQUE._ On sait que la première syllabe porte l'accent dans les mots de deux syllabes; et que les éditeurs ont pris soin, pour les mots de plus de deux syllabes, d'indiquer par le signe (') la syllabe accentuée.

VI._ On traite les notes syllabiques privées d'accent: soit en les groupant en neumes comme plus haut (**II** et **III**); soit en leur donnant un accord (**I**); soit enfin en les exécutant sans accompagnement, lorsqu'elles sont, par exemple, dans la condition du § 115. Tout cela dépend du contexte.

VII._ On évitera les déplacements trop grands de la main (Ex. I); et, pour bien lier l'harmonie, on réduira au besoin le nombre des parties. (Ex. II).

REMARQUE._ Le jeu ne sera parfaitement lié que par une certaine équivalence dans le concours des deux mains. Employer la main gauche pour la Basse seulement est un défaut.

VIII._ Nous conseillons d'interpréter l'anticipation en général (Ex. I) comme dans l'Ex. II.

NOTA._ Les élèves sont souvent embarrassés quand il leur faut accompagner couramment des Cantiques. Le contenu du présent Ouvrage est de nature à leur rendre cette tâche plus facile. Peut-être, un jour venant, pourrons-nous traiter spécialement ce sujet.

FIN.

Paris, CREVEL frères grav. imp: Faub^{g} St Denis, 18.

TABLE.

CHAPITRE I.

DES NOTES ÉTRANGÈRES AUX ACCORDS.

CHAPITRE II.

CHAPITRE III.

SUCCESSION DES ESPÈCES.

CHAPITRE IV.

CHAPITRE V.

CHAPITRE VI.

RÈGLES FONDAMENTALES.

CHAPITRE VII.

APPLICATION DES PRINCIPES.

DU MÊME AUTEUR

MUSIQUE D'ORGUE OU D'HARMONIUM

Cantiques populaires (*1er volume*) 2e édition	7 fr. *net*
Cantiques populaires (*2e volume*)	7 fr. »
Marche triomphale (*3e édition*)	1 fr. »
Marche solennelle (*2e édition*)	1.70 »
Marche en ré majeur	1.70 »
Trois pièces (*Offertoire, Élévation, Communion*)	3 fr. »
Offertoire funèbre (*œuvre couronnée*)	1.50 »
Grand Chœur	1.70 »
Vingt pièces	6 fr. »

CHANT, avec accompagnt d'ORGUE ou d'HARMONIUM

Offertoire pour les Morts, soli et chœurs, à 4 ou 3 voix,	2 fr. *net*
Messe de l'Office des Morts, harmonisée à 4 voix,	1.25 »
La Vocation, 4 chants	1.50 »
La Bretagne, chœur à 4 voix d'hommes, sans accompa nement	2 fr. »
Cantique au bienheureux Grignon de Montfort (*3e édition*)	0.50 »
Cantique pour pèlerinage (*2e édition*) à l'unissson	0.25 »
Souvenirs de Collège, soli et chœur à 3 voix, accompagnt de piano	0.50 »
Cantate pour un jour d'Ordination, soli et chœurs à 3 voix égales	2.50 »
Hymne Français, chant patriotique à l'unisson, acct de piano	1 fr. »

ENSEIGNEMENT

Traité de l'accompagnement du Plain-Chant (*1re partie*).	6 fr. *net*

www.ingramcontent.com/pod-product-compliance
Ingram Content Group UK Ltd.
Pitfield, Milton Keynes, MK11 3LW, UK
UKHW021104260726
13994UKWH00002B/691

9 782329 385839